Un petit FRÈRE ça sert à quoi ?

Texte :
Sophie Bellier

Images :
Sophie Ledesma

FLEURUS

FLEURUS ÉDITIONS, 57 Rue Gaston Tessier, 75019 PARIS
www.fleuruseditions.com

Mounette est une petite marmotte qui aime les bisous et les câlins. Dans les bras de Papa, elle se sent protégée. Sur les genoux de Maman, elle oublie ses chagrins. Mais depuis la naissance de son petit frère, plus rien n'est comme avant.
– Je voudrais un papa et une maman rien qu'à moi, soupire Mounette.

À l'école, Mounette a appris une chanson.
Elle voudrait la chanter à Maman. Mais chut !
Petit frère dort. Il faut aller jouer dehors.
– Comme c'est énervant, un petit frère !
grogne Mounette.

C'est l'anniversaire de Papa. Mounette
s'applique à lui faire le plus joli des dessins.
Mais petit frère a pris un feutre
et il gribouille sur la feuille.
– Comme c'est énervant, un petit
frère ! sanglote Mounette.

Après le bain, Mounette s'assoit dans le canapé et Papa vient lui lire ses histoires préférées. Mais petit frère pleure. Il a faim. Papa pose le livre et va préparer le biberon.
- Comme c'est énervant, un petit frère ! gémit Mounette.

Mounette et Maman jouent
dans la chambre. Avec des cubes,
elles construisent un château
avec des tours. Mais petit frère
arrive discrètement et renverse
tout d'un seul coup.
- Comme c'est énervant, un petit
frère ! crie Mounette.

A B

Mounette est très en colère contre ce petit frère.
- Il ne sait que manger, dormir et faire
des bêtises, dit-elle. Et tout le monde
s'occupe de lui. Moi, je n'existe plus.
Papa et Maman ne sont pas de cet avis.
- Quand nous venons de te gronder,
qui vient te consoler en t'apportant
son doudou ? demande Maman.
- C'est mon petit frère,
répond Mounette.

A B

2

- Quand vous êtes tous
les deux dans le bain,
qui déguises-tu avec de
la mousse pour en faire
un Père Noël ? demande Papa.
- C'est mon petit frère,
répond Mounette.

- Quand je viens te chercher à l'école,
qui es-tu si fière de promener en poussette
dans la cour de l'école ? demande Maman.
- C'est mon petit frère, répond Mounette.

– Quand nous sommes à table,
qui répète de drôles de mots
sans queue ni tête et qui
te font tellement rire ?
– C'est mon petit frère,
répond Mounette.

Mounette n'est plus triste. Elle a compris que son petit frère fait partie de la famille et que désormais elle est une grande sœur.

- Mais vous m'aimez toujours comme avant ? demande Mounette.

- Nous vous aimons tous les deux du plus profond de notre cœur, expliquent Papa et Maman en l'enlaçant tendrement.